curio¿idad por

LA PROGRAMACIÓN CON LEGO

POR JILL SHERMAN

AMICUS LEARNING

¿Qué te causa

curiosidad?

Curious About está publicado por
Amicus Learning, un sello de Amicus.
P.O. Box 227
Mankato, MN 56002
www.amicuspublishing.us

Editora: Ana Brauer
Diseñadora de la serie: Kathleen Petelinsek
Diseñadora del libro e investigadora fotográfica: Emily Dietz

Library of Congress Cataloging-in-Publication Data
Names: Sherman, Jill, author.
Title: Curiosidad por la programación con LEGO / by Jill Sherman.
Other titles: Curious about coding with LEGO. Spanish
Description: Mankato, MN : Amicus Learning, [2026] | Series: Curiosidad por la programación | Includes index. | Audience term: Children | Audience: Ages 6–9 | Audience: Grades 2–3 | Summary: "What is Lego Spike? Learn about coding and programming with LEGO Education in this Spanish question-and-answer book for elementary readers. Includes table of contents, glossary, and index. Translated into North American Spanish"— Provided by publisher.
Identifiers: LCCN 2024052101 (print) | LCCN 2024052102 (ebook) | ISBN 9798892006774 (library binding) | ISBN 9798892007375 (paperback) | ISBN 9798892007979 (ebook)
Subjects: LCSH: Computer programming—Juvenile literature. | LEGO toys—Juvenile literature. | LEGO Education (Firm)—Juvenile literature.
Classification: LCC QA76.6115 .S520518 2026 (print) | LCC QA76.6115 (ebook) | DDC 005.13—dc23/eng/20250122
LC record available at https://lccn.loc.gov/2024052101
LC ebook record available at https://lccn.loc.gov/2024052102

Créditos fotográficos: Alamy Stock Photo/Niels Quist, 4; Shutterstock/AlesiaKan, cover, 1, 2, 3, 5, 6–7, 11, 12–13, 14, 15, 18, 21, Inside Creative House, 20, LightField Studios, 2, 8–9, Nestor Rizhniak, 16–17, Tsuguliev, 19; The Noun Project/Lewis K-T, 22, 23

Se ha hecho todo lo posible para contactar a los titulares de los derechos de autor del material reproducido en este libro. Cualquier omisión se corregirá en ediciones posteriores si se notifica al editor.

Impreso en India

¿Qué es LEGO Education?

LEGO Education hace que aprender a **codificar** sea divertido. Enseña a los niños a construir y **programar** robots con piezas LEGO. Los kits como SPIKE Essential vienen con divertidas piezas electrónicas. También hay un bloque especial llamado **hub**. Tú programas el hub y este le dice a las otras piezas qué hacer.

El hub de LEGO te permite encender y apagar el robot.

¿Tengo la edad suficiente para construir un kit de robot LEGO?

¿SABÍAS QUE...?

Los kits de robótica LEGO tienen cientos de piezas. ¡Incluyen motores, **sensores** y luces, además de muchos ladrillos y cuatro minifiguras!

¡Sí! LEGO fabrica divertidos kits de robótica para todas las edades. SPIKE Essential es para niños de seis años en adelante. Tiene todo lo que necesitas para comenzar a construir. ¿Quieres más? SPIKE Prime es para niños de 10 años en adelante. Tiene construcciones más difíciles. ¡Ambos kits te permiten hacer robots geniales!

Los kits vienen con todo lo que necesitas para comenzar a construir y codificar.

Puedes unirte a un club extraescolar para aprender a construir robots LEGO.

¿Dónde puedo construir robots LEGO?

Los kits LEGO se pueden utilizar en cualquier lugar. Pero a muchos maestros les encanta utilizar los kits de robótica en la escuela. Enseñan una lección y dan instrucciones. Luego, los estudiantes trabajan en grupos. Construyen los robots con ladrillos LEGO. El último paso es codificar el robot.

CAPÍTULO DOS

¿Cómo funciona SPIKE?

SPIKE te muestra cómo construir robots divertidos. Usa ladrillos para hacer el cuerpo del robot. Agrega un sensor o motor que le permita al robot hacer cosas geniales. Luego, usa una computadora o tableta para codificar las instrucciones. ¿Cuándo y cómo debe moverse el robot? Tu código le dice al robot qué hacer.

Construir un robot es el primer paso de la programación con LEGO.

Los robots no pueden moverse ni trabajar sin estar codificados.

¿Es difícil codificar los robots?

La programación de bloque es una forma sencilla de aprender a codificar un robot.

¡No! LEGO hace que la programación sea divertida y fácil. Utiliza programación de bloque. No es necesario escribir código duro. En cambio, puedes elegir bloques de colores. Cada bloque es un fragmento de código. Apila los bloques de código como si fuera un rompecabezas. ¡El robot seguirá tus instrucciones!

¿Qué pueden hacer los robots LEGO?

¡Muchísimo! Todo depende de cómo utilices las piezas. Los motores y los engranajes permiten que los robots se muevan. Con ruedas, pueden conducir. Con pinzas, pueden recoger objetos. ¡Con un sensor de color, pueden clasificar tus ladrillos LEGO por ti!

Engranaje

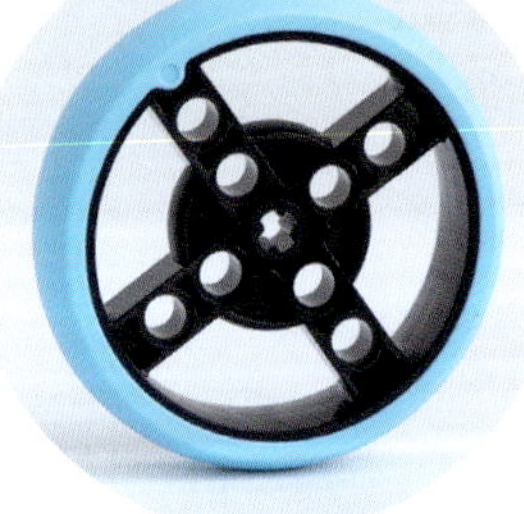

Rueda

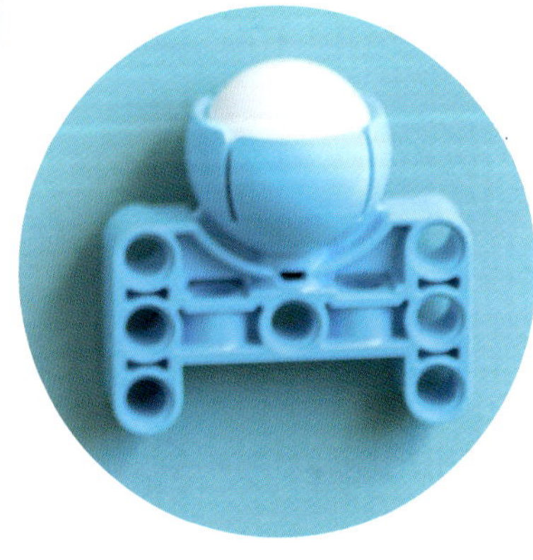

Bola con soporte giratorio

LADRILLOS ÚNICOS EN LEGO SPIKE

Puedes hacer que tu robot baile colocándole un motor y engranajes.

Los errores son parte del proceso. Realiza pruebas hasta que puedas solucionarlos.

¿Qué hago si mi robot no funciona?

¡Inténtalo de nuevo! No pasa nada si tu robot no funciona al primer intento. Las pruebas son una parte importante de la construcción de robots. Primero, comprueba si el hub está conectado. Luego, comprueba si los cables están en los lugares correctos. Observa tu código y corrige los errores. ¡No te rindas! ¡Puedes solucionarlo!

¿Tengo que seguir las instrucciones?

Puedes construir cualquier cosa que se te ocurra.

¡No! Con LEGO lo importante es usar tu imaginación. Una vez que entiendas cómo funciona, podrás hacer tus propios robots. Puedes mezclar y combinar piezas de nuevas maneras. ¡Deja volar tu creatividad!

A medida que mejores en la construcción, podrás codificar robots más avanzados.

¡Es fácil compartir tus proyectos con tu familia o amigos!

¿Cómo puedo compartir mis creaciones?

¡Los aficionados de LEGO están por todo el mundo! Existe una gran comunidad de constructores. Comparte tu creación en un sitio de aficionados de LEGO. Podrás ver lo que han hecho otros. ¡Quizás encuentres una gran idea para tu próxima creación!

Puedes usar una tableta o la cámara de un teléfono para tomar fotografías de tus creaciones.

HAZ MÁS PREGUNTAS

¿Puedo usar LEGO para jugar?

¿Cuánto se tarda en construir algo con LEGO?

Prueba con una PREGUNTA GRANDE: ¿Qué pasaría si utilizaras ladrillos que no fueran de LEGO?

BUSCA LAS RESPUESTAS

Busca en el catálogo de la biblioteca o en Internet.
Pueden ayudarte tus padres, un bibliotecario o un maestro.

Usar palabras clave
Busca la lupa.

Las palabras clave son las palabras más importantes de tu pregunta.

¿

Si quieres saber sobre:

- juegos con LEGO, escribe: JUEGOS LEGO
- cuánto tiempo lleva completar un kit, escribe: TIEMPOS DE CONSTRUCCIÓN DE LEGO

GLOSARIO

código de bloque Un lenguaje de programación que utiliza bloques de arrastrar y soltar para construir un programa.

código Las instrucciones para un programa de computadora.

hub Un dispositivo central que une otros dispositivos.

programa Un conjunto de instrucciones para que una computadora funcione.

sensor Algo que detecta calor, luz, sonido, presión, movimiento u otras cosas.

ÍNDICE

Acerca de la autora

Jill Sherman escribe libros sobre estrellas del pop, crías de animales y robots. Le encanta que escribir le permita investigar y aprender sobre nuevos temas. Además de escribir libros, Jill cose su propia ropa, crea crucigramas y programa en JavaScript.